LA SCIENCE DU CHRÉTIEN

SERMON

SUR CES PAROLES DE LA 1re ÉPITRE AUX CORINTHIENS

CHAPITRE II, VERSET 2.

Je ne me suis proposé de savoir autre chose parmi vous que Jésus-Christ et Jésus-Christ crucifié.

PAR JACQUES ABBADIE

MINISTRE DE L'ÉGLISE FRANÇAISE DE SAVOIE, A LONDRES.

PARIS,

CHEZ HENRY SERVIER, LIBRAIRE,

RUE DE L'ORATOIRE, N° 6.

1829.

LA CHAIRE ÉVANGÉLIQUE.

PREMIÈRE SÉRIE. — *Sermons anciens.*

Les protestants étant disséminés au milieu d'une popu-
lation beaucoup plus nombreuse, il n'est pas étonnant que
les livres de leurs hommes illustres, surtout dans le genre
de l'éloquence de la chaire, aient eu plus de peine à passer
[illegible]

LA

SCIENCE DU CHRÉTIEN,

SERMON

PAR

JACQUES ABBADIE,

MINISTRE DE L'ÉGLISE FRANÇAISE DE SAVOIE, A LONDRES.

AVIS.

Jacques Abbadie naquit, en 1654, à Nay, en Béarn. Il fit ses premières études sous la direction de Laplacette, ministre de cette petite ville, et les continua à Puylaurens, à Saumur et à Sedan, où il prit le degré de docteur en théologie, à l'âge de dix-sept ans. Après s'être formé à Paris à la prédication sous Claude, Alix et d'autres prédicateurs célèbres, ne pouvant, à cause des malheurs des temps, exercer le saint ministère en France, il accepta, en 1680, la charge de pasteur de l'Eglise française de Berlin, et en remplit les fonctions pendant huit années. En 1688, s'étant rendu en Angleterre, il obtint le doyenné de Killalow, et, en 1690, il fut attaché à l'Eglise de Savoie, à Londres, en qualité de ministre. Il mourut dans les environs de cette ville, le 25 septembre 1727. Abbadie a composé un grand nombre d'ouvrages, entre autres le *Traité de la Vérité de la religion chrétienne*, le *Traité de la Divinité de Jésus-Christ*, l'*Art de se connaître soi-même*, le *Traité de la Vérité de la religion chrétienne réformée*, etc. Les trois premiers ont été plusieurs fois réimprimés.—On a de lui douze Sermons. Il y joint à une connaissance profonde des matières qu'il traite, beaucoup d'ordre et de netteté dans la disposition des sujets, et beaucoup de solidité et de force dans les raisonnemens. Ses talens sont rehaussés par une belle et vaste imagination. En réimprimant le Sermon d'Abbadie sur *la Science du Chrétien*, nous en avons retranché quelques passages relatifs aux cérémonies de l'Eglise Anglicane, qui ne pouvaient avoir d'intérêt que dans le temps et dans le pays où vivait l'auteur.

LA SCIENCE DU CHRÉTIEN,

SERMON SUR CES PAROLES DE LA PREMIÈRE ÉPÎTRE AUX
CORINTHIENS, CHAPITRE II, VERSET 2 :

*Je ne me suis proposé de savoir autre chose parmi
vous que Jésus-Christ et Jésus-Christ crucifié.*

BIEN que le désir de connaître soit naturel à l'homme,
il est pourtant vrai que ce n'est point par les sciences
qu'on parvient au bonheur. La sagesse humaine l'avait
en vain prétendu, puisque ses recherches sont plus
propres à flatter la curiosité de l'esprit qu'à remplir le
vide de notre cœur, et, qu'incapables de satisfaire et
seulement capables d'occuper, de distraire, de trou-
bler, elles nous montrent que comme la science, par
l'abus qu'on en fait, flatte la corruption de l'homme,
aussi ne contribue-t-elle pas peu à sa punition. C'est
là une vérité connue par l'expérience de tous les siècles,
et dont il semble que la sagesse de Dieu ait voulu nous
donner une preuve anticipée dans la première loi et
dans le premier établissement qui fût jamais. Vous savez qu'au jardin d'Eden Dieu attacha la science et la
vie à deux arbres différens, avec cette circonstance re-
marquable que l'homme, en mangeant du fruit qui
donnait la science, perdait par-là même le droit qu'il
avait à celui qui lui procurait la vie et l'immortalité.
Mais comme ces deux biens si considérables ne devaient
pas être dans une éternelle opposition, vous voyez aussi
que dans le rétablissement de l'homme, la science et
la vie sont heureusement confondues dans un même

objet, puisque nous trouvons ces deux arbres mysté-
rieux, dont nous vous avons parlé, réunis en un seul, et
qu'en effet la croix de Jésus-Christ est l'arbre de vie et
l'arbre de science tout à la fois. Je dis que la croix de
Jésus-Christ est l'arbre de vie, parce qu'elle enferme
toutes les grâces qui nous font vivre d'une vie spiri-
tuelle et éternelle. J'ajoute qu'elle est l'arbre de science,
parce que nous y trouvons tous les objets, toutes les
vérités qu'il nous importe véritablement de connaître;
arbre de vie, car *c'est ici la vie éternelle de connaître
un seul Dieu et celui qu'il a envoyé, Jésus-Christ* (1);
arbre de science, puisqu'on ne doit se *proposer de savoir que Jésus-Christ et Jésus-Christ crucifié.*

C'est ici la maxime d'un homme qui pouvait se faire
valoir par les sciences humaines, si l'Evangile ne les lui eût
fait mépriser. Elevé aux pieds de Gamaliel, et parfaitement instruit des traditions de ses pères, il n'avait pas
été sans curiosité pour les connaissances qui avaient la
vogue de son temps. Cela paraît assez dans ses écrits, et
surtout par le caractère qu'il donne des habitans de
Crète, lequel il avait tiré des écrits d'un poète fameux
de cette nation. Ces connaissances pouvaient l'avoir attaché jusqu'alors; mais, après avoir été éclairé de la
lumière de l'Evangile, il ne connaît plus qu'une seule
science, qui est celle qui propose à l'homme des biens
qui lui sont véritablement proportionnés, en lui pro-
mettant un bonheur éternel et infini qui seul répond à l'immortalité de son âme; et parce que la mort
de Jésus-Christ est le fondement des promesses de
Dieu, comme de notre assurance à cet égard, saint

(1) Jean, XVII, 3.

Paul réduit aussi toute la science du salut à connaître Jésus-Christ et Jésus-Christ crucifié.

N'attendez pas ici de la sincérité de son cœur ni de la dignité de son ministère qu'il emploie l'adresse de son esprit ou les artifices d'une éloquence humaine, pour adoucir ce qu'un tel paradoxe peut avoir de choquant et de rude pour des esprits préoccupés. Il ne méconnaît ni ne dissimule les difficultés de ce grand mystère; il avoue que c'est là *un scandale pour les Juifs et une folie pour les Grecs*, et néanmoins il le propose sans adoucissement. D'où vient cela? C'est qu'il a de quoi convaincre la raison préoccupée en opposant à des difficultés de spéculation, des preuves de fait, d'expérience et de sentiment. Qu'importe, après tout, que l'esprit de l'homme comprenne ou ne comprenne pas que le Fils de Dieu ait pu mourir pour nous, lorsque la merveille de sa résurrection frappant, non l'esprit, mais les yeux, bannit toutes sortes de doutes à cet égard? On sait que les apôtres ne convainquent le monde de la vérité de l'Evangile que par cette démonstration plus forte que toute autre, par cette preuve victorieuse: *Ce que nous avons ouï, ce que nous avons vu de nos propres yeux, ce que nous avons contemplé et ce que nos propres mains ont touché de la Parole de vie, c'est ce que nous vous annonçons* (1). *Après qu'il a été élevé au ciel, il a répandu ce que maintenant vous voyez et entendez* (2). Saint Paul n'a pas besoin de ménagement et d'adresse dans cette occasion: *Je ne suis point venu vers vous*, dit-il aux Corinthiens, *avec des discours pompeux; ma parole et ma prédication n'ont point été en paroles per-*

_____

(1) Jean, I, 1, 2.   (2) Actes, II, 33.

suasives de la sagesse humaine (1); et, dans mon texte: *Je ne me suis proposé de savoir autre chose parmi vous que Jésus-Christ et Jésus-Christ crucifié.*

Nous trouvons dans ce texte deux propositions, dont l'une est comme cachée et enveloppée dans le discours de l'apôtre, et dont l'autre y est marquée d'une manière plus claire et plus expresse. L'une comprend ce qu'il nous fait entendre, et l'autre ce qu'il nous dit. Ce qu'il nous fait entendre, c'est que nous ne devons point associer les spéculations humaines avec les saintes vérités de l'Evangile, et en particulier avec la science de la croix; ce qu'il nous dit d'une manière plus expresse, c'est que toute la science du salut se réduit à la connaissance de la mort de Jésus-Christ. Ces deux vérités doivent faire le sujet de votre attention et le partage de ce discours, où nous nous proposons de vous montrer dans la simplicité de l'Evangile toute la majesté et toute la force de la religion; mais en vain nous le proposerions-nous sans la grâce de Dieu, sans laquelle nous ne pouvons ni parler avec dignité de ces vérités si sublimes, ni méditer avec fruit ces mystères si importans. Puisse cette grâce toute-puissante montrer en nous son efficace dans ce moment! Puissent ses attraits victorieux emmener nos pensées et nos affections prisonnières sous l'obéissance de Jésus-Christ, pour la gloire de Dieu et le salut éternel de nos âmes! Amen.

PREMIÈRE PARTIE.

La religion ne condamne point les connaissances humaines, mais seulement le mauvais usage qu'on en fait

(1) 1 Corinthiens, I, 1, 4.

ou le trop grand attachement qu'on a pour elles; et, certes, on peut dire que la science prise dans ce sens a bien des défauts, puisqu'elle est inutile dans la nature, pernicieuse dans le cœur, et surtout mortelle dans la religion.

Elle est inutile dans la nature, puisqu'elle est incapable non seulement de prévenir, mais même de prévoir les maux auxquels nous sommes naturellement exposés. Le naturaliste qui a connu le nom et la vertu des plantes, depuis l'hysope jusqu'au cèdre du Liban, n'a pas encore trouvé de recette contre la vieillesse, contre les infirmités et contre la mort. Le philosophe, après avoir passé sa vie à raisonner sur l'origine des vents et des orages, ne s'embarque sur mer qu'en tremblant; et, accueilli par la tempête, qui le rappelle de ses vaines contemplations au soin plus pressant de sa conservation, il fait paraître d'autant plus de faiblesse que ses prétendues lumières ne lui servent de rien; alors, ne connaissant ni la Providence qui le conduit, ni le vrai Dieu qui préside aux tempêtes, imbécile dans sa frayeur, il se laisse aller aux préjugés qu'il condamnait, il suit la multitude superstitieuse, et, ne sachant de quel côté se tourner, il invoque les faux dieux que les matelots ont vainement réclamés.

Au reste, la science humaine a eu divers périodes et divers accroissemens: chaque siècle lui a prêté ses découvertes, chaque génération y a ajouté ses lumières; mais, si vous exceptez un petit nombre de connaissances pratiques qui servent aux usages de la société, à quoi aboutit enfin cet amas de spéculations qui se succèdent les unes aux autres? Que nous ont produit les méditations et les études de tant de contemplatifs? Beaucoup de songes et d'égaremens; un art de contre-

dire les autres et de se tromper soi-même en s'éloi-
gnant de ce que les autres ont pensé avant nous, ou
plutôt un art d'incertitude et d'irrésolution qui ne suffit
pas même à s'étourdir, et qui ne sert qu'à nous faire
mieux connaître notre ignorance; ce qui a fait dire au
plus sage des hommes, convaincu par la raison et par
l'expérience, *qu'il n'y a point de fin à faire beaucoup
de livres* (1), et que la science séparée de la foi n'est
que *vanité* et *tourment d'esprit* (2).

Cela nous paraîtra ainsi, si nous considérons que
cette science humaine produit de très-mauvais effets
dans l'âme de l'homme, puisqu'en éclairant superfi-
ciellement l'esprit, elle enfle le cœur qui s'applaudit
de la posséder; qu'ainsi nous perdons, du côté des sentimens, tout ce que nous gagnons du côté de la connaissance, et qu'enfin la science, quelle qu'elle soit,
est toujours trop achetée lorsqu'elle nous coûte notre
humilité. Qui ne sait qu'ordinairement les hommes
ne s'attachent à tant de sciences diverses que par les
différens goûts de leur vanité? Peu touchés des attraits
de la vérité, si elle ne les distingue, ils commencent à
la mépriser, dès qu'étant connue des autres, elle ne leur
fait plus d'honneur : ainsi, les premières découvertes ne
suffisent point, il en faut de nouvelles pour se faire valoir. Le bon sens et l'expérience devraient leur avoir
appris que la sobriété à connaître est nécessaire à la
science elle-même pour rendre ses principes plus sûrs
et ses idées plus distinctes; que les systèmes, pour
parler leur langage, que les systèmes les plus vraisem-
blables deviennent extravagans lorsqu'ils sont trop
poussés, et qu'il y a dans les sciences un certain degré

(1) Ecclésiaste, XII, 14.   (2) Ecclésiaste, I, 14.

de connaissance, ou, si l'on veut, un période de cer-
titude et de découverte au-delà duquel elles dégé-
nèrent en vision et en folie. Mais il ne faut attendre ni
modestie ni retenue à cet égard de ceux qui ne sauraient prescrire des bornes à leur curiosité, parce
qu'ils n'en donnent point à leur orgueil. Dans les se-
crètes illusions qu'ils se font, leur âme croit s'augmenter et s'agrandir à mesure qu'ils connaissent plus de
choses et qu'ils donnent un plus vaste objet à leur con-
templation; ils confondent l'étendue de leur esprit
avec celle des cieux qu'ils considèrent, et mettent dans
leur âme tout le vaste qu'ils trouvent dans la nature.
D'ailleurs, ils n'aspirent qu'à l'éternité qu'ils se font;
ils croient se perpétuer par la supputation pénible des
temps et des siècles; s'ils s'appliquent avec effort à déchiffrer les inscriptions à demi-effacées du marbre et de
l'airain, ce n'est que pour s'ériger des monumens à
eux-mêmes. Ils rappellent le passé qui n'est plus, ils le
font comme exister et vivre de nouveau, mais c'est pour
se l'approprier en quelque sorte. Ils s'enveloppent pour
ainsi dire de la puissance des conquérans, de la gloire
des héros, de la sagesse des philosophes, qu'ils tirent des
ténèbres de l'oubli seulement pour se faire honneur;
ils s'en servent pour se plaire à eux-mêmes; ils s'en
parent comme d'habits brillans et magnifiques; ils en
augmentent leur fausse grandeur; ils en grossissent
l'idée de leurs perfections imaginaires. Alors, préoccupés, ou plutôt enivrés de l'opinion de leur vain savoir,
ils pensent moins à instruire les autres qu'à les contre-
dire; ils veulent régner sur les opinions avec tyrannie;
ils contrôlent l'ouvrage des hommes; que dis-je, l'ouvrage des hommes? ils s'érigeront en censeurs de la Divinité. Témoin ce monarque astronome qui avait ac-

coutumé de dire avec une vanité également ridicule et impie, « qu'il aurait donné de bons conseils à Dieu, « s'il avait été appelé au conseil de la création. » Cette pensée nous conduit à notre troisième réflexion sur ce sujet, c'est que la science humaine n'est pas seulement inutile dans la nature, pernicieuse dans le cœur, mais encore mortelle dans la religion.

Nous le comprendrons sans peine, si nous considérons ce que c'est que l'esprit de la science, ce que c'est que l'esprit de la religion; combien ces deux esprits sont opposés, et enfin pourquoi Dieu a fait cette opposition. L'esprit de la science, c'est de vouloir tout connaître; mais l'esprit de la religion, c'est de se contenter de savoir ce qui est important. L'esprit du savoir, c'est de vouloir connaître les choses et la manière des choses, ce qu'elles sont et comment elles sont; mais l'esprit de la religion, c'est d'être content de savoir que Dieu nous révèle les mystères sans entreprendre d'en pénétrer la manière ou d'en sonder les profondeurs. L'esprit du savoir, c'est de satisfaire la curiosité; mais l'esprit de la religion, c'est de la mortifier. L'esprit de la science, c'est de ne recevoir les vérités qu'autant qu'elles ont de rapport et de convenance aux principes de notre raison; mais l'esprit de la religion, c'est de les embrasser sur le témoignage de Dieu qui nous les révèle, quoique incroyables, quoique opposées à tous nos préjugés. En un mot, l'esprit de la science, c'est l'indépendance d'une raison fière de ses connaissances, qui veut être sa règle à elle-même; mais l'esprit de la religion, c'est la soumission d'un entendement qui renonce à soi-même pour ne se conduire que par la lumière de Dieu. Il y a autant d'opposition entre ces deux esprits qu'il y en a entre l'orgueil et l'humilité. Mais qu'est-ce qui a fait cette opposition? Je réponds que c'est la nature des choses d'un côté et la sagesse de Dieu de l'autre. La nature des choses, parce qu'il y a une incompatibilité essentielle et naturelle entre ces deux dispositions ou ces deux esprits différens. La sagesse de Dieu; car, outre qu'il nous paraît que Dieu a donné à la révélation de l'Evangile la forme et le caractère le plus contraire à la vaine science des hommes, ce qui ne nous permet pas de douter qu'il n'ait voulu mettre en opposition l'une avec l'autre, il est vrai, d'ailleurs, que saint Paul ne nous permet point de révoquer en doute ce dessein, lorsqu'il déclare si expressément et qu'il répète si souvent que Dieu, dans sa nouvelle Révélation, a voulu anéantir l'intelligence des docteurs et confondre leur vaine science.

Que si vous nous demandez des raisons de cette conduite, nous vous en donnerons trois principales fondées sur l'expérience ou sur la Révélation, dont la première sera prise de la gloire de Dieu, la seconde, du bien et de l'utilité de l'homme, et la troisième, de l'une et de l'autre.

Je dis donc premièrement que Dieu a mis en opposition la religion avec la science humaine par des raisons prises de sa propre gloire. Nous n'en douterons point, si nous considérons que le premier péché de l'homme ayant consisté en ce qu'il voulut connaître indépendamment de Dieu, acquérir la science contre sa volonté, et même s'égaler par-là à lui, Dieu se devait cette satisfaction à lui-même de commencer le rétablissement de l'homme, en l'obligeant à ne vouloir rien connaître que dépendamment de sa Révélation, et à renoncer aux préjugés de cette raison superbe qui l'avait perdu et qui est la première sacrifiée à Dieu, parce qu'elle est la première qui l'avait offensé.

D'ailleurs, les docteurs du monde avaient fait un trop mauvais usage des lumières de la nature pour devoir être ménagés dans la seconde Révélation. Dieu, comme vous le savez, mes Frères, a marqué dans les ouvrages de la nature sa puissance, sa majesté, sa bonté, sa justice par des traits et avec des caractères qui frappent l'esprit humain, bien loin de le choquer. C'était aux philosophes qui prétendaient faire un bon usage de leur raison, c'était à ces hommes plus capables que les autres de réfléchir sur ce qu'ils voyaient, à profiter de ces enseignemens si plausibles à l'esprit humain. Cependant vous savez ce qu'il en est. De ces philosophes, les uns ont confondu la Divinité avec le hasard, qu'ils font auteur du monde, ou avec je ne sais quel enchaînement fatal des causes secondes à qui il leur a plu de tout rapporter. Quelques-uns ont imaginé Dieu comme une intelligence oisive, et qui ne se mêle en aucune sorte des affaires des hommes. La plupart ont entrevu l'unité et les perfections de l'Être-Suprême, mais ils n'ont osé le confesser : philosophes dans le cabinet, mais idolâtres et superstitieux en public, connaissant Dieu, ils ne l'ont point glorifié comme il appartenait. Pourquoi Dieu, dans sa nouvelle Révélation, aurait-il eu des égards pour ces docteurs qui l'avaient méconnu avec tant d'ingratitude et d'indignité? et ne fallait-il pas plutôt confondre cette vaine science, déconcerter cette philosophie superbe en lui proposant, non plus des vérités agréables et plausibles, mais le paradoxe étrange et humiliant de Jésus-Christ crucifié? Apprenons-le, mes Frères, d'un homme qui avait profondément médité sur les voies de Dieu : *Car*, dit-il , *puisqu'en la sapience de Dieu le monde n'a point connu Dieu par la sagesse, le bon plaisir de Dieu a été de sauver les croyans par la folie de la prédication* (1).

Ajoutez à cela que les docteurs du monde étaient de trop mauvais médecins et trop mal propres à guérir les maladies les plus dangereuses de l'homme, pour être consultés sur ce sujet, puisque, ne faisant point de nouvelle découverte qui n'ajoutât un nouveau degré à leur orgueil, ils n'éclairaient l'entendement que pour dérégler la volonté, et ne guérissaient l'ignorance que pour augmenter la corruption. Les stoïciens avaient de hautes idées de la vertu ; ils se la représentaient exempte de faiblesse et même de passion , élevée, ferme, toujours égale, inébranlable aux tentations, incapable de surprise, intrépide dans le naufrage de toutes choses, au milieu des ruines de l'univers. Mais à quoi se terminent des sentimens si sublimes? à satisfaire leur orgueil et à déshonorer la Divinité, en se vantant d'être plus parfaits et plus heureux que Jupiter. Faut-il donc s'étonner que, pour guérir notre corruption, Dieu emploie une méthode opposée à celle de la philosophie, qui réussissait si mal, et que cette méthode consiste à éclairer l'esprit et à humilier le cœur tout à la fois et par le même moyen, qui est la prédication de la croix. Là, nous puisons les connaissances nécessaires à notre salut, et c'est assez pour notre entendement ; mais convenons que ces connaissances ne viennent point de nous et qu'elles n'en sauraient venir, puisqu'elles sont contraires à toutes nos idées et à tous nos préjugés. Nous y trouvons un trésor d'humilité et un trésor de vérité

(1) 1 Corinthiens, I, 21.

tout à la fois. C'est ici qu'on voit une connaissance sans
orgueil et une simplicité sans ignorance, une humilité
éclairée avec une science modeste, ou plutôt une lumière
source d'humilité, et une humilité principe de connaissance, puisqu'on se trouve toujours plus éclairé à mesure
qu'on renonce à ses propres conjectures, et que Dieu
ne révèle ses secrets qu'à ceux qui se défient de leurs
connaissances et qui cessent d'être sages à leurs propres
yeux. C'est la pensée de Jésus-Christ, lorsqu'il parle
ainsi : *Je te loue, ô Père, Seigneur du ciel et de la terre,
de ce que tu as caché ces choses aux sages et aux in-
telligens, et les a révélées aux petits enfans* (1).

Dieu pouvait, s'il l'avait voulu, employer les docteurs du monde pour être les ministres de son Evangile.
Il aurait trouvé aussi facilement ses évangélistes dans
l'Académie, dans le Portique et dans le Lycée, que sur
les bords du lac de Génézareth; il pouvait susciter pour
cela de nouveaux sages dans la Grèce, ou employer les
docteurs les plus célèbres qui ont vécu au temps des
apôtres; mais il en use autrement pour sa gloire et
pour le bien des hommes. Pour sa gloire; car ne voyez-
vous pas que les hommes, défians et soupçonneux,
comme ils le sont naturellement, n'auraient pas man-
qué d'attribuer les merveilles de l'Evangile à l'habileté
et aux lumières de ceux qui l'auraient les premiers annoncé, si Dieu eût fait cet honneur aux docteurs de la
terre, de les choisir pour cela? Pour le bien des hommes;
car il n'y avait point d'autre moyen de faire que cet
Evangile parvînt jusqu'à nous pur et exempt des spéculations de l'esprit humain, que de le faire annoncer
ou par des gens sans lettres et sans éducation, ou par

(1) Luc, X, 21.

des savans comme saint Paul, qui renoncent à toute curiosité et à toute science humaine dès qu'ils sont employés au ministère de la Parole.

Que serait devenue cette Parole si pure et si simple en elle-même, si elle avait été d'abord comme abandonnée aux subtilités de la philosophie et à la curiosité de l'esprit humain? Vous croyez bien, mes Frères, que ces savans évangélistes ne se seraient pas contenté d'acquiescer humblement aux mystères que Dieu nous a révélés, mais qu'ils auraient voulu en connaître la manière, examiner le comment de toutes ces choses, et que voulant se satisfaire sur les difficultés de la religion, ils les auraient prodigieusement augmentées? Combien de recherches sur le grand mystère de piété, *Dieu manifesté en chair*, et sur la très-sainte Trinité, *au nom de laquelle toutes les nations devaient être baptisées !* Combien de spéculations pour comprendre ce qui est le plus incompréhensible dans ces objets ! Non contens de savoir que le Fils est un et égal avec son père, ils auraient voulu accorder cette égalité avec la qualité de fils, et comprendre la manière de cette génération ineffable, quoique l'Ecriture nous impose silence sur ce sujet; ils auraient recherché la nature des hypostases divines, en quoi consistent ces relations, et comment ces différentes manières de subsister conviennent avec la simplicité de l'essence de Dieu. Ensuite ils n'auraient point été satisfaits qu'ils n'eussent accordé la liberté des actions humaines avec l'immutabilité des décrets de Dieu qui les résout, ou avec l'infaillibilité de la science qui les prévoit; et sur cela combien de systèmes, combien d'arrangemens des décrets de Dieu, combien de manières inutiles de sonder l'abîme de la prédestination ! En apprenant que le genre humain est corrompu, et qu'en effet nous naissons tous dans le péché, ils auraient voulu expliquer la manière en laquelle le crime du premier homme passe à tous ses descendans. Enfin ils auraient recherché avec application comment Dieu concourt avec nous pour produire ce qu'il y a de plus réel dans nos actions, sans avoir aucune part à leur malice.

C'est grand hasard alors si, pour éviter une extrémité, ils ne s'étaient jetés dans l'extrémité opposée; et si, pour s'empêcher de faire Dieu auteur du péché, ils n'avaient évité de le reconnaître pour l'auteur de la sainteté et de tous les degrés de la sainteté qui sont dans l'homme, en soutenant qu'à l'égard du bien et du mal, notre volonté demeure toujours indifférente et indéterminée, et que Dieu ne l'oblige point à accepter le salut plus qu'à le refuser, après le lui avoir fait connaître. C'est hasard s'ils n'avaient érigé le cœur de l'homme en cause suprême à cet égard, et Dieu en cause subalterne et dépendante, qui proportionne son concours à nos dispositions, et qui coopère avec nous au bien, si nous voulons, au mal, si tel est notre bon plaisir, sans qu'aucune assistance particulière prévienne de sa part le choix que nous faisons du meilleur parti. C'est merveille s'ils n'avaient regardé la volonté de l'homme comme un prince qui forme ses desseins sans dépendance, et Dieu comme un simple ministre qui ne fait qu'apposer les sceaux aux décrets du souverain, en donnant son concours à tout ce qu'il plaît à cette volonté de résoudre; c'est merveille, dis-je, si par là ils n'avaient ôté à Dieu l'empire de la société pour le donner à l'homme; et si, au lieu de nous soumettre à la sagesse de Dieu, qui gouverne toutes choses, ils n'avaient donné la Providence à conduire aux caprices de notre franc arbitre, de sorte qu'il fallut demander le succès des affaires, non à Dieu qui ne fait à cet égard que ce que les hommes veulent, mais à ces hommes qui par leur volonté détermineraient celle de Dieu. Ainsi ils nous auraient laissé un Evangile tout composé des curiosités et des décisions hardies de leur esprit, peu conforme par conséquent à l'humilité et à la soumission d'une foi véritable, qui aime mieux se tirer de ces difficultés par une ignorance modeste et éclairée, et avouer qu'elle ne comprend point la manière d'agir de la grâce, plutôt que de l'expliquer aux dépens de la gloire de Dieu ou de sa propre reconnaissance.

On n'aurait entendu parler dès-lors que de concours simultané, concours prédéterminant, vertu coopérante, science moyenne, grâce immédiate, grâce suffisante, grâce efficace, liberté d'indifférence, liberté de contrainte; on n'aurait dès-lors entendu parler que de toutes ces distinctions étrangères à la foi, et de tous ces grands mots que la science a ajoutés à l'Evangile pour comprendre ce que Dieu nous révèle comme incompréhensible, ou pour expliquer ce que Dieu a voulu qui fut inexplicable; puisqu'au fond les grandes difficultés de la Religion sont des difficultés nécessaires, venant toutes ou de la nature des choses qui sont au-dessus de nous, ou du dessein de Dieu qui s'en sert pour humilier notre esprit et pour soumettre notre raison à notre foi.

Mais croyez-vous que ces docteurs évangélistes s'en fussent tenus à une dangereuse curiosité? N'auraient-ils point été tentés de couper les nœuds qu'ils ne pouvaient dénouer, et d'anéantir les mystères de la foi pour sauver la raison contre tant de difficultés et de contradictions apparentes? Oh! sans doute qu'ils auraient épargné aux anciens hérétiques, et surtout aux novateurs de nos jours, la peine de déguiser et de corrompre le christianisme. Ne pouvant bien comprendre l'immensité de Dieu, ils l'auraient relégué dans le ciel. Embarrassés à concevoir comment Dieu prévoit infailliblement des actions qui peuvent être et n'être pas, puisqu'elles partent d'un principe libre, ils lui auraient ôté la connaissance d'une partie de l'avenir, et auraient décidé qu'il n'est point infaillible à prédire les choses qui dépendent de la liberté de l'homme. L'éternité des peines destinées à l'impénitence faisant quelque peine à leur esprit, ils auraient conçu que l'enfer ne consiste que dans l'anéantissement des âmes. Ne pouvant se persuader que Jésus-Christ soit participant de la gloire de la Divinité, ils auraient soutenu qu'il faut l'invoquer comme une créature sainte, mais non pas l'adorer comme l'auteur de tout ce que nous avons et de tout ce que nous sommes. Enfin étant naturel de parler comme l'on pense, puisqu'il n'arrive jamais que les hommes se fassent un langage contraire à tous leurs sentimens et à toutes leurs idées, ils nous auraient déclaré que Jésus-Christ n'était point avant sa naissance, et que s'il était avant Abraham, comme il le déclare lui-même, ce n'était que dans le décret de Dieu; qu'il n'a point formé les siècles, mais qu'il est né dans l'accomplissement des temps; qu'il n'a fait la propitiation de nos péchés et ne nous a rachetés que dans un sens très-impropre, étant mort non pour apaiser la justice divine, par son sacrifice, mais pour donner un exemple de patience et pour confirmer la vérité de l'Evangile, comme les autres martyrs. Ils auraient dit sans façon, dans les occasions d'expliquer leurs pensées, que Jésus-Christ n'a point créé les choses visibles et invisibles; qu'il n'a

point fondé la terre; que les cieux ne sont point l'ouvrage de ses mains; qu'il était au commencement de
l'Evangile, mais non pas au commencement de toutes
choses. Ils auraient dit que Jésus-Christ était la parole
de Dieu, mais que cette parole n'était point Dieu;
qu'enfin il n'est ni vrai Dieu, ni grand Dieu, ni Dieu
sur toutes choses béni éternellement; mais un simple
homme par sa nature, appelé Fils de Dieu dans un sens
impropre et figuré. Voilà l'Evangile que la hardiesse
de l'esprit humain aurait annoncé dès le commencement, s'il en avait été cru ou qu'on l'eût consulté sur
ce sujet.

Mais la sagesse de Dieu y a pourvu; elle a confié sa
Révélation, non à la philosophie de quelques docteurs
téméraires, mais à la simplicité de gens sans lettres et
sans éducation, également incapables de l'inventer et
de la falsifier; à l'humilité de quelques pauvres pêcheurs
qui ne connaissaient, s'il faut ainsi dire, que le bord
de la mer de Galilée, et n'étaient occupés que du soin
de gagner leur vie par le travail de leur vocation; gens
qui n'auraient su ajouter à l'Évangile, quand ils l'auraient voulu, et qui aussi l'ont purement annoncé et
nous en ont laissé des monumens fidèles; évangélistes
dont le discours simple, naïf et sans fard est plus clair
que tout autre, parce qu'ils expriment sans artifice ce
qui leur est révélé, et qu'ils ne veulent point être sages
par-dessus cette révélation.

Voici donc, mes Frères, non la parole des hommes,
mais la Parole de Dieu. C'est en renonçant à la science
que les évangélistes nous l'annoncent et que nous la
conservons dans sa pureté; c'est par ce moyen que la
religion s'est établie, et c'est par ce moyen qu'elle
peut se rétablir. L'orgueil et la témérité de l'esprit

humain avaient tout perdu; c'est à l'humilité et à la soumission de la foi à réparer tout. Les hommes reviendront de leurs égaremens, n'en doutez point, quand ils retourneront à la simplicité évangélique; car il faut espérer qu'il viendra un temps où, ennuyés de leurs propres songes, fatigués de leurs recherches inutiles, convaincus par une longue expérience qu'ils tâchent en vain de comprendre ce qui en effet ne peut ni ne doit être compris, persuadés, malgré leur orgueil, qu'ils ne sont pas de plus grands théologiens que saint Paul, lequel s'écrie sur le bord de l'abîme : *ô profondeur!* honteux enfin d'avoir voulu corriger par leurs idées une Ecriture qui est principalement destinée à les guérir de leurs faux préjugés, d'avoir entrepris de rectifier la règle qui doit les conduire, d'avoir voulu instruire le guide qui les ramène de leurs égaremens, ils seront les premiers à s'écrier : *A la loi et au témoignage* (1)*!*

On commencera alors à parler le langage de Canaan; on s'attachera à l'Écriture, et quant au sens et quant aux paroles, parce qu'on craindra de retenir les spéculations de la science humaine, en retenant son langage; et qu'en effet les chrétiens ne se sont divisés sur le sens de l'Ecriture que parce qu'ils ont affecté de parler autrement que le Saint-Esprit. Un peu moins de cette vaine science, un peu moins de spéculation et de raffinement, et plus d'humilité; et voilà le christianisme rétabli; le voilà tourné de la spéculation à la pratique, ce qui est son caractère naturel; car ce ne sont point les subtilités de l'école, mais la bonne vie et la sainteté qui sont les vrais commentaires de l'Evangile. Oh! quand verrons-nous revenir cet heureux temps, ce bel âge de

____

(1) Esaïe, VIII, 20.

l'Eglise, où la sagesse humaine fasse place à la religion ; où ce ne soit plus l'autorité des docteurs ou des noms de secte, mais Jésus-Christ lui-même qui captive les esprits et qui règne sur les consciences ; où la charité soit plus forte pour réunir les disciples de Jésus-Christ que les passions pour les diviser? C'est alors, mes Frères, que nous nous entendrons tous, parce que nous parlerons un même langage, qui sera celui de Dieu ; c'est alors que les apôtres seront assis sur les douze trônes, jugeant les douze tribus d'Israël, parce qu'on se fera une religion d'ajouter à leurs paroles ou de n'en rien diminuer. Alors on pratiquera réellement avec vérité ce qui ne l'a été qu'extérieurement et par cérémonie, dans la plupart des anciens conciles, lorsqu'on mettait le volume des Ecritures sur un trône au milieu de l'assemblée, pour marquer que c'était à ce tribunal qu'on devait se soumettre ; ou plutôt, c'est alors que nous ne consulterons plus que ce grand Concile, qui est composé de Prophètes, d'Evangélistes et d'Apôtres, seul infaillible, seul inspiré de l'Esprit de Dieu, et qui sans doute a parlé plus clairement que tous les autres ; alors nous n'aurons, pour ainsi dire, d'autre confession de foi que l'Ecriture, ni d'autre abrégé de cette confession que les paroles de mon texte : *Je ne me suis proposé de savoir autre chose que Jésus-Christ et Jésus-Christ crucifié.*

DEUXIÈME PARTIE.

Mais ce n'est pas assez que de savoir mépriser les spéculations humaines, en matière de religion, il faut encore estimer à son juste prix la science de la croix ; il faut vous montrer que la mort du Fils de Dieu est le fondement de la doctrine du salut, et comme le centre où se terminent toutes les lignes de la Révélation. Pour cela il faut vous montrer cet objet sous diverses idées; il faut vous le faire voir dans le rapport qu'il a à la nature et à la loi, et vous faire connaître que c'en est ici l'éclaircissement; par rapport aux oracles des prophètes, et vous montrer que c'en est ici le but; par rapport aux espérances de l'homme, et vous faire voir que c'en est ici le fondement; par rapport aux bienfaits de Dieu, et vous montrer que c'en est ici le canal; par rapport à la morale, et vous faire voir que c'en est ici la force; par rapport à Dieu, et vous faire connaître que c'est ici l'expression de toutes ses vertus et la pleine manifestation de son conseil.

Nous y trouvons d'abord comme la clef nécessaire pour expliquer les difficultés de la nature et pour déchiffrer les énigmes de la Loi. Dans la nature, Dieu nous donnait quelques sentimens de sa sévérité et de son amour. Par deux voix contraires, par deux bouches opposées, sa justice et sa miséricorde s'expliquaient à nous. Sa justice nous parlait par la voix du tonnerre et par celle de notre conscience; sa miséricorde s'expliquait par son support et par sa longue attente, auxquels il ajoutait les bénédictions temporelles. Mais qui pouvait bien comprendre deux langages qui paraissaient opposés? Comment les hommes pouvaient-ils s'assurer qu'ils étaient l'objet de l'amour de Dieu, lorsque la conscience leur disait que Dieu voulait les punir? ou comment pouvaient-ils se regarder comme l'objet de sa haine, lorsque Dieu, continuant à faire lever son soleil sur eux et ajoutant la bénéficence au support, leur témoignait son amour? La nature nous laissait dans le doute; mais la Loi ayant été ajoutée à cette première révélation, nous donna quelque éclaircissement là-dessus.

Elle nous dit que Dieu aimait et haïssait les hommes, (la nature ne nous avait point trompés à cet égard,) mais qu'il aimait leurs personnes et haïssait leurs péchés. Elle nous assura que Dieu les punirait, mais que ce ne serait point en eux-mêmes, qu'il se contenterait d'une victime substituée en leur place, et qu'il y aurait propitiation pour le péché. Mais il restait encore une difficulté sur laquelle les hommes ne pouvaient se satisfaire. On ne pouvait concevoir que lorsque Dieu demandait le sang de quelques victimes, pour satisfaire à sa justice, on dût lui en offrir de si viles et de si basses, qu'elles n'avaient aucun rapport à sa majesté offensée. Qui croira, en effet, qu'un Dieu éternel et infini, dont la gloire remplit la terre et les cieux, qui *mesure les eaux de la mer dans le creux de sa main, qui pèse les montagnes à la balance, qui sème les îles comme de la poussière*, qui commande à l'être, au néant ; qu'un Dieu d'ailleurs si terrible dans ses jugemens, dont les lèvres ne sont qu'indignation, et dont le souffle est un feu dévorant qui embrase la terre habitable ; qu'un Dieu si majestueux d'un côté, si terrible de l'autre, demandant un sacrifice qui satisfasse à sa justice, se contente en voyant couler le sang d'un agneau ? Certainement il semble qu'une telle oblation, loin de répondre à sa grandeur, soit un nouveau mépris qu'on fait de sa majesté. La Loi ne pouvait expliquer cette énigme ; mais l'Evangile nous ôte cette difficulté entièrement, en nous donnant l'idée d'un sacrifice digne de Dieu et capable de faire la propitiation des péchés de l'homme, dont les victimes de la Loi étaient seulement l'ombre et la figure, et dont le genre humain n'avait jamais eu qu'une espèce de pressentiment et de notion confuse, avant Jésus-Christ mort pour nous.

En effet, les hommes ont offert des sacrifices dans tous les siècles, soit par un instinct de la conscience, qui cherchait naturellement à se décharger sur quelque victime mise en sa place, des péchés dont elle se trouvait chargée ; soit par quelque tradition venue des patriarches, que la Providence avait répandue parmi les nations, comme un Evangile obscur et enveloppé, annoncé par avance, pour préparer les voies au véritable Evangile, en disposant les hommes à chercher une propitiation pour leurs péchés. Mais tous les hommes cherchaient un sacrifice dont ils sentaient la nécessité et qu'ils ne connaissaient pas bien, et vivaient dans une inquiétude proportionnée à cette ignorance. Car les païens ne connaissaient point du tout le vrai Dieu auquel il fallait sacrifier ; et les Juifs ne connaissaient pas bien encore la victime qui devait lui être offerte.

L'histoire nous apprend que les Athéniens, affligés de la contagion et de plusieurs autres fléaux célestes, qu'ils regardaient comme une punition des crimes dont ils croyaient que leur ville était souillée, firent venir du fond de l'île de Crète un philosophe célèbre alors pour sa sainteté, et se remirent à lui du soin de purger leur ville par tels sacrifices ou telles cérémonies qu'il jugerait à propos. Mais ce sage ne sachant à quelle divinité il devait sacrifier, s'en rapporta lui-même à l'instinct des bêtes qu'il immolait ; il ordonna aux ministres de la superstition de les laisser aller où elles voudraient, mais de les suivre et de les sacrifier dans le lieu où elles se seraient arrêtées ; il fit en même-temps dresser partout des autels, avec cette inscription : AU DIEU IN—

connu (1); après quoi, refusant les présens qui lui furent offerts de la part du peuple, il quitta la ville en n'emportant rien qu'une branche d'olivier à la main, symbole de la paix qu'il croyait leur avoir procurée. C'est là le Dieu inconnu qui provoqua le zèle de saint Paul long-temps après, lorsque de cette inscription qu'il avait lue en passant, il prit occasion de reprocher aux Athéniens leur superstition. *Ce Dieu*, dit-il, *que vous honorez sans le connaître, c'est celui que je vous annonce ;* et je vous l'annonce, pouvait-il ajouter, favorable et propice, non seulement à votre ville, mais encore à tout le genre humain. Epiménides ne savait pas sans doute que la Providence l'avait conduit à Athènes pour y être le précurseur d'un Docteur mieux instruit que lui ; et qui découvrirait, sans science, ce qui avait échappé à ses propres recherches. Il ignorait donc que les trésors pouvaient être son partage, mais que l'olive ne lui appartenait point ; et que son désintéressement enfermait un sacrilége.

Les Juifs, mieux instruits, ont connu la Divinité à laquelle l'oblation devait être présentée, mais ils ont mal compris quelle était la victime qui devait lui être offerte. Les patriarches mêmes ont ignoré cet objet ou n'ont fait que l'entrevoir. Isaac voyait les apprêts d'un sacrifice, mais il ne voyait pas encore la victime. Abraham, qui croyait la mieux connaître, ne la connaissait pourtant pas. *En la montagne de l'Eternel, dit-il, il y sera pourvu.* Oui, sur une montagne inconnue à Abraham, Dieu se pourvoira d'une victime à laquelle Abraham n'aurait jamais pensé. Les Juifs ne firent, vous le savez, que languir dans l'attente de cette

____

(1) Actes, XVII, 23.

propitiation, qu'ils sentaient bien n'avoir pas été faite, obligés à l'observation pénible de tant de cérémonies, et à la réitération de tant de sacrifices, qui n'avaient d'autre usage que celui de leur apprendre que leur dette envers la justice de Dieu n'était pas encore acquittée. Ainsi les païens sacrifiaient, mais c'était à de faux Dieux. Les Juifs sacrifiaient au vrai Dieu, mais non pas de véritables victimes. Le sacrifice de la croix est donc le sacrifice très-parfait, où l'on offre au vrai Dieu la véritable victime, qui seule pouvait faire là propitiation de nos péchés. Aussi l'Evangile ne fait pas plutôt connaître aux hommes cette rédemption, le grand objet de leur attente, qu'ils le reçoivent avec avidité. Ils sont affamés et altérés du salut de Dieu. C'est la raison pour laquelle Jésus-Christ est appelé *le Désiré des nations;* et c'est pour cela que le précurseur le marque d'abord par ce caractère, qui répond le mieux aux espérances du genre humain : *Voici l'Agneau de Dieu, qui ôte le péché du monde* (1).

Il ne fait en cela qu'imiter les prophètes, lesquels non seulement se représentent le Messie sous l'idée d'une victime, mais encore qui n'en disent presque rien qui n'ait quelque rapport à sa passion ou à son sacrifice. C'est par sa mort que Jésus-Christ brise la tête de l'Ancien-Serpent; selon la promesse qui en fut faite à nos premiers parens. C'est par sa mort qu'il répond au type d'Isaac, qu'il revit après son sacrifice, et qu'il devient la bénédiction des peuples. C'est par les heureuses suites de sa mort annoncée au monde que le Fils de Dieu assemble les peuples, ou convertit les Gentils; *qu'il remplit la terre de la connaissance de*

____

(1) Jean, I, 29.

Dieu comme le fond de la mer est rempli des eaux qui le couvrent. C'est par cette mort, ou si vous voulez, c'est par ce retranchement du Messie, marqué dans la prophétie de Daniel, que la terre est remplie de ces justes qui composent la famille de Dieu et que le royaume des cieux est établi sur la terre.

Mais sans entrer dans un détail qui nous mènerait trop loin, arrêtons-nous au LIIIe chapitre des Révélations du prophète Esaïe, à cet oracle, dirai-je, ou à cette histoire de notre Sauveur. Là vous trouverez que le Messie nous est marqué par divers caractères, qui tous ont un rapport essentiel à sa mort. *Qui a cru,* dit le prophète, *à notre prédication? et à qui le bras de l'Eternel a-t-il été révélé?* On sait que la mort du Fils de Dieu, attaché à la croix, est la principale cause de l'incrédulité des hommes. *Il est,* ajoute l'auteur sacré, *il est le méprisé et le dernier des hommes, nous avons comme caché notre face de lui;* c'est que les hommes ont honte de ce Crucifié. *Il s'est chargé volontairement de nos langueurs, et il a porté nos douleurs, et nous avons la guérison par sa meurtrissure.* Comment cela, s'il n'était mort pour nous et en notre place? *Il en justifiera plusieurs par la connaissance qu'ils auront de lui;* on sait que c'est en sa mort qu'il nous est fait sagesse, justice et rédemption. *Il a été mené à la tuerie comme un agneau, et comme une brebis muette devant celui qui la tond.* Pilate fut témoin de cette patience de notre Sauveur, et ce n'est pas ici un des endroits les moins remarquables dans l'histoire de sa passion. *Dans sa mort il a été avec le riche.* La circonstance de sa sépulture est connue et elle a un rapport manifeste à sa mort. *Il intercédera pour les pécheurs,* dit Esaïe, et vous savez qu'il a prié pour ses bourreaux sur la croix.

Il prolongera ses jours apres son sacrifice, et vous n'ignorez pas qu'il est ressuscité et qu'il vit éternellement après sa mort. *Il partagera le butin avec les puissans*, d'autant qu'il a mis son âme en oblation pour les transgresseurs ; cela est clair puisqu'il a été souverainement exalté après avoir présenté à Dieu le sacrifice qui nous rachète. *Il a fait prospérer le bon plaisir de Dieu ;* il n'y a pas de doute encore, puisqu'il a établi le règne de Dieu par ses souffrances. *Après qu'il aura mis son âme en oblation pour le péché, il se verra de la postérité, il prolongera ses jours, et la volonté de l'Eternel prospérera dans sa main.* Vous voyez comment la vocation des Gentils, cette famille de Dieu, cette postérité du Messie, la résurrection de Jésus-Christ, son exaltation, la gloire de Dieu, l'avancement de son règne sortent de la mort de Jésus-Christ comme les effets de leur cause. C'est là où tout aboutit dans les oracles anciens. Les prophètes ne sont pas ici d'un autre sentiment que les apôtres. Esaïe ne voit dans le Messie qu'une victime qui souffre pour le salut des hommes, et saint Paul *ne se propose de savoir autre chose que Jésus-Christ et Jésus-Christ crucifié.*

Sa pensée est d'autant plus juste à cet égard, que la mort de notre Sauveur est le fondement de tout le repos dont nous pouvons jouir et de toutes les espérances que nous pouvons raisonnablement concevoir. Notre état est triste et tout-à-fait déplorable hors de la communion de ce divin Sauveur. Rampant dans ces bas lieux comme autant d'atômes, abîmés, pour ainsi dire, dans notre propre bassesse, nous cherchons en vain dans notre néant de quoi nous rassurer contre de trop justes frayeurs. Rien ne peut nous empêcher de voir que nous sommes naturellement ennemis de

Dieu, et que nous lui déclarons la guerre dès le premier usage que nous faisons de ses bénédictions; nous trouvons en nous un cœur rebelle et endurci qui ne se plaît qu'au mal: le péché est dans nos yeux, dans nos oreilles, dans notre mémoire, dans notre imagination, et beaucoup plus encore dans une volonté malheureusement attachée au monde et à elle-même, dans un cœur désespérément malin, et qui est un abîme de désordre et de malice. Chargés, par les engagemens de notre corruption, chargés de la haine du Ciel, nous tournons en vain de tous côtés pour y chercher du remède et de la consolation que nous ne trouvons nulle part. Nous voyons dans le passé nos crimes et dans l'avenir notre punition: nous craignons un enfer extérieur, et nous portons comme un enfer secret. Mal d'accord avec nos propres pensées, nous sentons en nous une partie de nous-mêmes qui se soulève contre l'autre, une conscience qui nous trouble, un ver invisible qui nous ronge et que nous portons toujours avec nous; mais tout cela n'est rien auprès de la nécessité qui nous est imposée de comparaître devant notre juge irrité. Le temps disparaît, la mort s'avance, les distractions finissent, l'amusement cesse, le voile est levé; et l'homme, comparaissant devant la justice de Dieu, se trouve devant une mer de feu, à laquelle on ne peut opposer que des digues de chaume; car, ô Dieu, *qui est-ce qui pourra séjourner avec le feu dévorant? qui est-ce qui pourra subsister avec les flammes éternelles* (1)? Mais béni soit à jamais ce grand Dieu qui se trouve en son Fils réconciliant le monde à soi: Jésus-Christ, par sa mort, nous délivre de la condamnation

____

(1) Esaïe, **XXXIII,** 14.

que nous avions méritée. O bonne nouvelle pour nous! Evangile vraiment Evangile! c'est donc ici le vrai propitiatoire sur lequel la Divinité flaire une odeur d'apaisement, pendant que le sang coule inutilement partout ailleurs sur des autels qui lui sont désagréables! C'est ici la toison de Gédéon qui reçoit toute la rosée des cieux, pendant qu'on trouve une triste sécheresse dans tous les autres lieux de la terre! C'est ici cet arc céleste, composé de nuages et de brouillards comme de sa matière, mais dans lequel la gloire de Dieu apparaîtra bientôt aux hommes pour les assurer qu'ils n'ont pas à craindre le déluge de sa justice! Oui, c'est dans ce divin mélange du ciel et de la terre, dans ce composé de la lumière de la vérité et de la rosée de la grâce, que la miséricorde de Dieu brillera avec éclat, qu'elle se montrera avec ses plus vives couleurs, qu'elle réjouira tous les siècles et toutes les nations, que sa gloire percera au travers de la nuée, et qu'elle sera toujours présente à l'œil attentif, qui sera assez pur et assez simple pour pouvoir la bien considérer.

Il n'est pas surprenant que Jésus-Christ soit la source de toute notre tranquillité et de toute notre confiance, puisqu'il est comme le centre de tous les bienfaits de Dieu. Cela vous paraîtra, si d'un côté vous considérez que, sans la mort de Jésus-Christ, les bénédictions temporelles ne mériteraient pas d'être mises au nombre des biens, et, de l'autre, que Jésus-Christ est le seul canal par lequel nous recevons toutes les grâces spirituelles sans aucune exception. La première de ces deux vérités est évidente par tout ce que nous venons de vous dire. Les biens du monde, sans cette bienheureuse mort qui nous réconcilie avec Dieu, n'auraient pas plus de prix et d'éclat à nos yeux que les trente pièces d'argent n'en eurent aux yeux de celui qui avait livré son bon Maître. Sans ce premier bien, le fondement de tous les autres, nous ne trouvons dans les créatures de Dieu que les ministres de sa vengeance; les astres ne sont plus que comme autant de flambeaux funèbres, ou plutôt comme autant d'affreux météores qui ne luisent que pour nous effrayer; la terre est comme un premier enfer où les hommes ne vivent plus, parce qu'ils sont certains de mourir éternellement; et si, dans cet état, ils jouissent de quelque repos, s'ils ont quelque joie passagère, ce repos même est le plus grand des malheurs, et cette joie est la joie insensée d'un frénétique qui voit avec confiance l'appareil du supplice qui lui est préparé, et qui triomphe de périr. A l'égard des biens spirituels, qui ne sait que Dieu ne les accorde aux hommes qu'en vertu de sa réconciliation avec eux, et par égard au sacrifice de la croix? C'est par rapport à cette bienheureuse mort que nous sommes appelés à la connaissance de Dieu, justifiés, sanctifiés, glorifiés; c'est d'elle que sortent la vertu qui nous soutient dans nos combats, l'espérance de la gloire et les secours de la grâce, ces secours continuels qui nourrissent notre piété, sans lesquels, après avoir commencé par l'esprit, nous finirions par la chair et mourrions ainsi dans nos péchés.

Platon remerciait le Dieu de la destinée, comme il parle, de trois choses principalement : de l'avoir fait homme et non pas bête, Grec et non pas barbare, et de l'avoir fait naître au temps de Socrate; mais comme la raison, ni même la raison éclairée et cultivée par toutes sortes de connaissances, n'est pas un grand bien pour ceux qui n'auraient que de tristes réflexions à faire et des malheurs à considérer, nous croyons,

avec plus de raison que ce philosophe, que tous les
bienfaits de la Divinité se réduisent à un seul, qui est
de nous avoir fait connaître Celui qui, par sa mort,
nous réconcilie avec elle. Aussi n'est-ce point Socrate
que nous devons regarder comme le docteur des mœurs,
le grand maître de la morale. Il est vrai que les Athéniens le firent mourir, parce qu'ils le soupçonnaient de
n'avoir pas beaucoup d'estime et d'attachement pour
leurs superstitions; mais on peut dire qu'on lui a fait
plus d'honneur qu'il ne méritait, lorsqu'on a voulu le
faire passer pour le martyr de la connaissance du vrai
Dieu, puisqu'il avait accoutumé de dire que le philosophe devait garder ses connaissances pour lui-même
et pratiquer en public la religion du vulgaire; et que
d'ailleurs il mourut avec tant d'irrésolution et d'incertitude, qu'il déclara qu'il ne savait s'il allait au bonheur
ou à la misère en mourant. Nous trouvons bien d'autres
exemples et d'autres motifs à la vertu en Jésus-Christ
crucifié, puisqu'il est aisé de se convaincre que cette
mort bienheureuse fait, avec l'Esprit de Dieu, toute la
force qui nous fait surmonter les tentations et qui nous
attache à l'étude de la piété et de la sanctification.
Nous nous arrêterons un peu sur cette réflexion qui est
importante.

Je sais, mes Frères, que la nécessité de bien vivre
n'a jamais été contestée depuis que les hommes se
mêlent de raisonner. La morale est de tous les
temps et de tous les siècles; elle appartient à toutes
les nations. Les païens l'ont autrefois estimée; l'on
sait que ceux d'entre les chrétiens qui se sont fait
une étude d'anéantir la vérité de nos plus grands
mystères, ne recommandent rien tant que la science
des mœurs. Mais il faut avouer qu'il y a en cela

bien de l'illusion et du malentendu, puisqu'une morale sans motifs n'est qu'une lettre sèche, un précepte froid, une instruction morte, une parole sans esprit et sans vie. Quelle raison avaient les païens de bien vivre, lorsqu'ils servaient des dieux qui, étant vicieux et déréglés, ne pouvaient manquer d'autoriser le crime et le dérèglement? Quel bien ou quel mal les Chinois attendent-ils après leur mort, de l'élément du feu, qu'ils ont pris pour l'objet de leur idolâtrie et de leur superstition? Et ne peut-on point dire quelque chose d'approchant de ces chrétiens peu scrupuleux, qui croient pouvoir séparer la morale du mystère? Ils insistent sur la nécessité de bien vivre; ils ont raison sans doute, mais il ne fallait donc pas ôter à la morale de l'Evangile ses plus puissans motifs; car enfin, comment peuvent-ils se récrier sérieusement et de bonne foi sur la charité incompréhensible que Dieu nous montre dans l'envoi de son Fils, s'il est vrai que Dieu ne donne que la vie d'un simple homme pour le salut éternel de tous les hommes? Quelle raison avons-nous de nous assurer que celui qui nous a donné son Fils, nous accordera aussi les autres choses, si le don de ce Fils, qui ne serait son Fils que dans le même sens qu'Adam l'était, savoir parce qu'il avait été formé immédiatement de lui, si le don de la vie de ce Fils est infiniment moins considérable que la vie éternelle que nous attendons de Dieu? Quels égards extraordinaires pensons-nous que Dieu aura pour la mort d'un homme qui ne fait que son devoir en faisant, comme ils parlent, un bon usage de son libre arbitre; et qui accomplit la Loi pour son compte, n'étant après cela *qu'un serviteur inutile, parce que ce qu'il a fait il était obligé de le faire* (1)?

(1) Luc, XVII, 10.

Quel grand exemple Jésus-Christ nous donnera-t-il de
patience et de charité, s'il n'est autre chose que ce que
l'on conçoit, puisqu'il y a d'illustres païens qui se sont
dévoués à la mort de bonne grâce pour le salut de la
patrie, et que dans l'Eglise chrétienne les martyrs
n'ont pas fait paraître moins de constance que lui, à
regarder les choses extérieurement ? Est-ce une chose
si étonnante que Jésus-Christ, simple homme, veuille
échanger une vie courte et misérable avec une vie éternelle et bienheureuse, préparée à lui et à tous ceux en
faveur desquels il en voudra disposer ? Et d'où viendront
ses angoisses, ses effrois, ses épouvantemens aux approches d'une mort qui lui est si avantageuse et dont
les avantages lui étaient si clairement et si certainement
connus ? Comment sa mort nous fait-elle approcher
avec confiance du trône de la grâce, s'il n'a point fait
l'expiation de nos crimes sur la croix ? Où est donc ce
prix par lequel nous avons été rachetés, où est cette
Rédemption, où est ce sacrifice plus parfait que tous
les autres ? Où est la majesté de la religion, la dignité
de nos mystères, et surtout où est la force de la morale :
où sont ces grands motifs de reconnaissance, d'amour,
de crainte et de confiance que nous devions trouver
dans cet abrégé du christianisme, *Jésus-Christ et
Jésus-Christ crucifié?*

Les novateurs font profession de vouloir réduire
toute la religion à la science de bien vivre : voilà qui
est bien jusque-là ; mais n'est-ce pas aussi qu'ils sont
les dupes de leur esprit et de leur corruption dans la
suite ; et qu'en effet ils craignent la vérité de nos mystères, parce qu'ils en voient naître des motifs trop so-
lides et trop puissans de renoncer à soi-même et de se
défaire de sa vanité ? Certes, à moins qu'on ne veuille

changer la morale de Jésus-Christ en celle d'Aristote ou d'Epictète, il faut avouer qu'elle tire toute sa force de la mort de ce divin Sauveur, considérée selon les idées d'une foi soumise et orthodoxe, et non selon les prétendues vraisemblances de l'esprit humain. Pourquoi tant philosopher aux dépens de son salut? C'est la mort de Jésus-Christ, Fils de Dieu, son Fils unique, son propre Fils, son Fils éternel, celui en qui le Père a pris son bon plaisir, qui a eu sa gloire par-devers le Père avant que le monde fût, qui est la splendeur de la gloire du Père et l'empreinte de sa personne; ce Fils de Dieu, qui est lui-même *Dieu sur toutes choses béni éternellement*, qui a fait la propitiation de nos péchés, mourant pour nos offenses et ressuscitant pour notre justification; c'est cette mort ainsi définie par les termes de l'Evangile et non paraphrasée par la témérité des hommes, qui fait les plus puissans motifs qui nous portent à la vertu, ou bien il faut nous donner une révélation qui soit autrement conçue que celle que nous avons.

Nous en serons convaincus, si nous considérons que c'est ici que nous apprenons à connaître Dieu. *Personne ne vit jamais Dieu*, dit saint Jean. *Le Fils unique qui est au sein du Père, est Celui qui nous l'a fait connaître* (1). On ne voyait Dieu auparavant que par derrière, comme Moïse; qu'en songe, en vision ou sous des représentations énigmatiques et paraboliques, comme les prophètes; mais ici on voit en quelque sens sa face, puisqu'on connaît sa nature, son conseil et ses perfections, beaucoup mieux qu'ils ne l'avaient été jusqu'alors. Le Calvaire est en cela plus privilégié que

_____
(1) Jean, I, 1, 18.

Sinaï, et la lumière de l'ancienne Révélation n'est que ténèbres auprès de celle qui sort du tombeau de Jésus-Christ et qui ne se manifeste qu'aux yeux de l'humilité. *Lève-toi, sois illuminée; car la lumière est venue, et la gloire de l'Eternel est levée sur toi* (1).

J'ai dit, mes Frères, que Dieu n'avait pas été bien connu jusqu'à la mort de Jésus-Christ. Les hommes connaissaient un Dieu juste et miséricordieux; mais ce qu'ils attribuaient à l'une de ces vertus, ils l'ôtaient à l'autre. L'idée de sa justice, faisant tort à celle qu'ils avaient de sa miséricorde, les jetait quelquefois dans la défiance et dans le désespoir. L'idée de sa miséricorde, leur faisant concevoir quelque relâchement dans sa justice, les jetait presque toujours dans l'indolence et dans la sécurité. D'ailleurs on connaissait la justice de Dieu, on connaissait sa miséricorde; mais on ne connaissait point l'étendue infinie de l'une et de l'autre. L'éternité des peines destinées à l'impénitence n'avait pas été clairement révélée ; ainsi les hommes ne voyaient pas tout le conseil de la justice de Dieu. La félicité éternelle que Dieu réserve à ses enfans était couverte de quelque voile sous la Loi; ainsi les hommes ne connaissaient pas encore tout le conseil de sa miséricorde; et sans doute que ces deux grands objets devaient être révélés tout à la fois pour se soutenir mutuellement dans la religion. L'idée d'une éternelle misère aurait absorbé l'esprit des hommes et fait défaillir leur cœur, trop faible pour soutenir le poids de cet objet, si elle n'avait pas été accompagnée de l'espérance d'une vie éternellement heureuse, qui non seulement nous empêche de tomber dans le désespoir, mais qui élève infiniment notre con-

(2) Esaïe, I.X, 1.

fiance et nous tire de l'abîme pour nous porter jusqu'aux cieux. Or, mes Frères, vous n'ignorez pas que c'est dans la mort de Jésus-Christ que la justice et la miséricorde de Dieu se montrent dans leur étendue, dans leur infinité, s'il faut que je m'exprime de la sorte. Car quelle victime prise pour les péchés des hommes, pouvait mieux faire connaître la haine que Dieu a pour le péché ? et quel présent fait aux hommes pouvait nous mieux faire sentir l'amour qu'il a pour nous ? Justice infinie qui n'épargne pas le Fils de Dieu ; charité immense qui nous donne Celui en qui il a pris son bon plaisir ; justice qui ne nous fait connaître tous ses droits qu'au moment qu'elle est satisfaite, ayant voulu en cela épargner notre faiblesse ; miséricorde qui ne nous découvre toute la gloire et tous les biens qu'elle nous préparait, que lorsqu'elle exécute et qu'elle accomplit ce qu'il y avait de plus difficile à croire dans son dessein, ayant voulu par-là élever notre confiance ; justice et miséricorde qui s'entre-rencontrent, et qui confondent leur plan et leurs desseins dans la mort de Jésus-Christ où nous trouvons réunis le crime et le pardon, la haine pour le crime et l'amour pour le criminel, la satisfaction de la justice et la fin de la miséricorde, sans qu'il y ait au fond d'autre obscurité dans ce mystère que celle qui vient nécessairement de la grandeur du bien qui nous est proposé. Heureuses ténèbres qui viennent de l'étendue des compassions de Dieu, de l'immensité de son amour ; obscurité favorable qui naît de la grandeur de ses bienfaits ; saintes difficultés qui mieux que toutes choses nous montrent l'obligation que nous lui avons, et qui, loin d'être des occasions de défiance et de doute, sont de nouvelles raisons de l'aimer et de le craindre pour des cœurs sensibles et reconnaissans !

La sagesse de Dieu paraît dans la mort de Jésus-Christ en ce qu'elle accorde les voies de la justice avec celles de la miséricorde ; mais elle y brille aussi par ses propres caractères, ou plutôt elle s'y montre avec un éclat qui n'avait pas encore frappé nos yeux. Les hommes, les démons, les Juifs, les Romains, la synagogue, le paganisme, la chair et le monde, tous les ennemis de Jésus-Christ, défaits et confondus par sa mort, vont être autant de témoins de cette vérité.

Le démon a rempli le cœur de Judas pour trahir le Fils de Dieu, le cœur des scribes et des pharisiens pour conspirer contre lui, le cœur du peuple pour demander sa mort à haute voix. Le voilà donc apparemment satisfait ; mais il apprendra bientôt qu'il a détruit son règne en attachant à la croix son ennemi, puisque c'est *par sa mort que Jésus-Christ détruit celui qui avait l'empire de la mort, à savoir le diable* (1). Quel triomphe pour la sagesse de Dieu !

Les Juifs se montrent zélateurs de Moïse ; ils persécutent un homme qu'ils supposent ennemi de leur religion ; mais ils la détruisent par les efforts qu'ils font pour la conserver, puisque cette religion, avec ses ombres, ses figures et ses sacrifices, se perd dans la mort de Jésus-Christ, qui en est le sacré et divin original ; et afin qu'ils n'en doutent point, voici une main divine qui déchire le voile de ce temple auquel ils sont si superstitieusement attachés. Quel miracle de sagesse aussi bien que de puissance !

La chair et le monde poursuivent en Jésus-Christ un ennemi des plaisirs et de la vanité. Ils attachent à la croix Celui dont ils craignent la doctrine ; mais la chair

(1) Hébreux, II, 14.

et le monde inventent aujourd'hui l'instrument de leur perte, puisque la croix de Jésus-Christ va fournir aux hommes d'éternels motifs de repentance et de mortification. Oui, cette croix va crucifier le monde et ses affections, la chair et ses convoitises ; et l'on entendra dire dans tous les siècles : *Je suis crucifié au monde et le monde m'est crucifié* (1). *Je vis, non pas maintenant moi, mais Christ vit en moi* (2). Quelle victoire pour cette Providence éternelle, qui se joue des desseins de ses ennemis !

Les païens ne peuvent souffrir un homme qui établit une religion qui leur est inconnue, mais ils ne savent pas que cette mort qu'ils procurent, ou à laquelle ils donnent leur consentement, détruira dans le monde le règne de l'idolâtrie. Ils ne voient pas que le sacrifice de la croix, prêché aux nations, va bientôt abolir tous leurs sacrifices, et que la voix de ce mourant fera taire leurs oracles pour jamais. Il sortira du fond de son tombeau une foudre invisible qui coupera les bocages de leurs faux dieux, qui brisera leurs idoles, qui réduira leurs autels en poudre, ou plutôt qui brisera les cœurs, qui abattra les âmes superbes et qui arrachera la superstition du cœur des hommes, où elle avait ses premiers temples et ses premiers autels. Quel triomphe pour la sagesse de Dieu !

Les Romains dans cette occasion se montrent jaloux de la grandeur de César ; et pour marquer la fidélité qu'ils ont pour leur empereur, ils cherchent à flétrir Celui qu'on accuse de s'être dit *le Roi des Juifs ;* mais ils ne comprennent pas qu'ils établissent Jésus-Christ pour Roi en le faisant mourir, qu'ils le sacrent réelle-

____

(1) Galates, VI, 14.   (2) Galates, II, 20.

ment lorsqu'ils le saluent Roi par moquerie, lorsqu'ils lui mettent une couronne d'épines sur la tête, et qu'ils lui donnent un roseau pour sceptre à la main. Encore un peu de temps, et ce roseau brisera les sceptres, et cette couronne d'épines sera au-dessus de toutes les tiares, et cette croix soumettra toute la grandeur des Romains. Marquée dans les nuées du ciel, cette croix présagera leurs victoires et fera défaillir leurs ennemis devant eux. Gravée dans leur cœur, elle y détruira l'orgueil et l'injustice, elle abolira leurs spectacles inhumains, elle fera disparaître le superbe éclat de leurs triomphes; on ne verra plus ces conquérans monter au Capitole, pour y faire une vaine ostentation de leurs victoires; et là, également injustes et sacriléges, montrer à la terre ses rois esclaves, et au ciel ses divinités captives; mais comme si le Calvaire prenait la place du Capitole, on verra, par un heureux retour, l'orgueil, la cruauté, l'injustice, la violence de ces rois des nations, de ces dieux de la terre emmenées, captives et prisonnières, sous l'obéissance de Celui qu'ils punissent aujourd'hui du supplice des esclaves. O gloire! ô triomphe de la sagesse de Dieu! Ce ne sont point de simples idées, ce sont des vérités justifiées par l'événement. Nous ne vous parlons point de quelques secrets de la sagesse de Dieu qui soient cachés en lui, mais de merveilles qui ont déjà frappé les yeux de toutes les nations, que l'expérience a rendues incontestables, et qu'on ne peut s'empêcher d'apercevoir dès qu'on veut ouvrir les yeux.

Ainsi, nous vous avons montré que la mort de Jésus-Christ est l'éclaircissement des difficultés de la nature et de la Loi, l'accomplissement des anciens oracles, le fondement de toutes nos espérances, le centre des bienfaits de Dieu, la force de la morale, l'expression ou le triomphe des vertus de Dieu, et comme le miroir de la Divinité. Qu'en dites-vous, mes Frères? En est-ce assez pour vous montrer que toute la religion se réduit en effet à la mort de Jésus-Christ? C'est ici que nous trouvons l'esprit de toutes les révélations, le temple et le tabernacle, l'arche et le propitiatoire, la nuée et la gloire qui la remplissait, les Urims et les Tummims, la présence et la face de la Divinité par rapport à nous. C'est un Sinaï en gloire, un Horeb en sainteté, un Béthel en consolation; de sorte que, le cœur partagé entre des mouvemens de crainte, de respect, d'amour et de reconnaissance, nous pouvons nous écrier avec Jacob, réveillé d'un sommeil prophétique qui lui avait fait voir la communication du ciel et de la terre: *Pour certain, c'est ici la porte des cieux, c'est ici la maison de Dieu, et nous n'en savions rien* (1).

Mais il ne suffit pas de le savoir, il faut profiter de cette connaissance pour notre sanctification et pour notre salut; c'est à quoi nous destinons les réflexions qui nous restent à faire avant que de finir ce discours.

CONCLUSION.

Les paroles de notre texte sont admirablement consolantes, puisque nous y trouvons le repos de l'esprit et le repos du cœur tout à la fois; le repos de l'esprit, par les bornes que l'humilité y prescrit à nos connaissances; le repos du cœur, par l'objet de confiance qui nous y est proposé.

(1) Genèse, XXVIII, 16, 17.

L'esprit humain n'est jamais las de disputer; il n'y a point de fin dans ses recherches et dans ses spéculations. Quand Dieu, pour prévenir ses objections, pour satisfaire par avance à ses difficultés, nous aurait donné une règle de foi composée d'autant de gros volumes qu'il y a de chapitres dans l'Ecriture, cela ne l'aurait pas empêché d'y ajouter ses conjectures et d'y multiplier ses doutes à proportion; ce qui, au lieu de lui procurer quelque satisfaction, aurait abouti à un plus grand trouble et à une plus grande agitation encore. En effet, il faut que cet esprit, toujours en mouvement pour satisfaire sa curiosité, arrive enfin à un degré de connaissance où il comprenne tout, et qu'il s'élève par conséquent au-dessus de la condition d'une intelligence finie; ou bien c'est une nécessité qu'après toutes ses recherches il rencontre des bornes qui l'arrêtent, et où, obligé de dire: « Je ne sais, je ne com« prends plus, » il trouve son repos dans sa propre ignorance; de sorte qu'on peut lui dire ce que Cynéas disait à Pyrrhus: « Puisque vous devez un jour vous « reposer, reposez-vous dès à présent sans tant de peine « et sans tant de danger. » Le meilleur et le plus court moyen pour arrêter cet essor d'une raison téméraire et décisive qui cherche à sortir de sa condition naturelle, et en même temps pour rendre ses connaissances plus sûres, n'était donc pas de grossir le volume de la Révélation, mais bien d'obliger l'homme à renoncer à sa curiosité et à son orgueil; et c'est pourquoi Dieu a voulu qu'une bonne partie de la religion consistât dans l'humilité et dans la soumission.

Or, mes Frères, le principal usage de cette humilité est de retrancher les préjugés, les curiosités et les vaines recherches qui pourraient nous faire manquer de respect pour l'autorité infaillible de Dieu qui nous révèle ses mystères. Toutes les vérités de la religion se réduisent au fond à une vérité de fait, savoir, si elles sont dans l'Écriture; car, quand nous voyons que Dieu nous les révèle dans sa Parole, nous devons ne compter pour rien les répugnances d'une raison qui est nécessairement préoccupée, puisqu'elle dispute contre Dieu.

Après avoir cherché le repos de notre esprit en suivant les leçons de l'humilité, qui fait le caractère de notre texte, il faut aussi y trouver le repos du cœur : c'est là le principal, et c'est ce qui dépend du bon ou du mauvais usage que nous ferons de la science de la croix.

La mort de Jésus-Christ, qui a fait l'expiation du péché dans l'accomplissement des temps, est aussi le grand remède contre le péché dans tous les siècles par les sentimens de repentance qu'elle doit nous inspirer. Mais nous vivons dans un temps malheureusement accoutumé à ne pas répondre aux desseins et aux grâces de Dieu. Sans compter ceux qui aiment à peindre la mort du Fils de Dieu à leurs sens et à leur imagination, au lieu de représenter à leur esprit, à leur foi, un objet tout spirituel et tout divin, qui prennent le crucifix et laissent là le Crucifié, combien de chrétiens voyons-nous parmi ceux qui se disent réformés, qui font du sacrifice de la croix un simple objet de science et de spéculation, comme si le Fils de Dieu n'était mort que pour fournir matière à l'entretien des hommes, et que ce miracle de miséricorde dût laisser toute sa froideur à notre esprit, et à notre cœur toute son indifférence !

Combien y a-t-il de chrétiens profanes et impies dans leur sécurité qui s'imaginent, dans le secret de leur cœur, qu'ils ne sauraient périr, quoiqu'ils fassent, parce que Jésus-Christ est mort pour eux ! comme si ce divin Sauveur était mort non seulement pour sauver le pécheur, mais encore pour encourager le péché et pour faire vivre la corruption ! Monstres qui confondent les desseins de Dieu et les desseins du démon, les vues du Ciel et celles de l'Enfer, et qui font Dieu auteur et protecteur du crime, en changeant ainsi ses grâces en dissolution !

On voit, outre cela, je ne sais combien de chrétiens incrédules qui, par leur conduite et quelquefois par leur langage, montrent bien qu'ils ne croient pas trop la vérité de la doctrine que nous leur annonçons aujourd'hui. Et à quoi tient-il qu'ils n'en soient persuadés ? Dieu s'est-il laissé sans témoignage, lorsqu'il leur a fait prêcher l'Evangile ? Les prophètes s'accordent-ils avec les apôtres pour nous tromper ? La conscience de Judas, confessant qu'il a trahi le sang innocent, est-elle de concert avec la simplicité et la bonne foi des autres disciples, pour autoriser une fiction ? Saul, ministre préoccupé de la synagogue, persécuteur emporté des chrétiens, a-t-il tout d'un coup la complaisance d'appuyer l'imposture qu'il voulait punir ? Est-ce pour nous persuader une fable que les morts ressuscitent, et que Jésus-Christ apparaît à cinq cents frères à la fois ? Est-ce pour nous séduire que des hommes ignorans deviennent en six semaines les docteurs du genre humain, et que, se trouvant en état de parler à toutes les nations en leur propre langage, ils convertissent plusieurs milliers de personnes tout à la fois ? Dieu se sera-t-il servi d'imposteurs pour accomplir l'oracle de la vocation des Gentils, tant promise dans l'Ancien-Testament, et pour remplir le monde de sa connaissance ? Aura-t-il

attaché à l'imposition de leurs mains les dons miraculeux et extraordinaires de son Esprit, ou leur aura-t-il
donné le secret de persuader à leurs prosélytes qu'ils
recevront eux-mêmes ces dons miraculeux, et qu'ils
étaient en état tout d'un coup de parler de nouveaux
langages, contre l'expérience que chacun en pouvait
faire et contre la vérité? Est-ce donc du sein de la fiction et de l'imposture que sont sortis cette horreur pour
le mensonge, cette intrépide et sincère confession de
la foi, cette sévérité de morale, ce désintéressement,
cette force à résister aux tentations, cette constance à
braver les supplices, ce calme de la conscience, ces
consolations si naïvement exprimées, ce renoncement
aux plaisirs, ce mépris de la vaine gloire, cette assurance aux approches de la mort, ces joies ou plutôt
ces triomphes de la bonne conscience dans les momens
où les autres sont remplis de frayeur, cette satisfaction
des âmes, cette réformation du genre humain? Certes,
la vérité est ici plus forte que les préjugés de ces mauvais
chrétiens. Ah! ce n'est pas leur esprit qui est incrédule,
c'est leur cœur, ce lâche cœur, qui veut douter du
bienfait, pour se dispenser d'une juste reconnaissance,
et qui craint d'être obligé à se sacrifier à Dieu, s'il
est une fois bien persuadé que le Fils de Dieu s'est sa-
crifié pour lui. C'est néanmoins ce cœur qui devrait en
être persuadé, puisque c'est à ce cœur que Dieu parle
d'une façon particulière dans l'économie du salut. C'est
pour ce cœur que les lois de la nature ont été inter-
rompues, que la terre a tremblé, que les tombeaux se
sont ouverts, que les élémens, que les cieux ont été
émus, et que Dieu a fait voir aux hommes l'objet le
plus petit aux sens et le plus grand à l'esprit, qui fut
jamais; cœur endurci et impénitent, ou plutôt prodige

d'endurcissement et d'impénitence que Dieu punira par des remords, par un désespoir et par des horreurs éternelles, s'il continue à mépriser un si grand salut, une si précieuse espérance. Mais ne mêlons pas une voix de menace à la voix de ce sang qui crie de meilleures choses pour nous que le sang d'Abel; et puisqu'un bon dessein nous emmène dans ce lieu, cherchons dans ce divin objet toute notre joie et toute notre consolation; mais que ce soit sans nous tromper et sans nous faire illusion à nous-mêmes.

Mes frères, nous sommes devant Dieu, devant lequel les ténèbres mêmes sont lumière, juge et témoin perpétuel de nos pensées et de nos actions, et devant lequel il nous faut un jour comparaître. Si l'on vous demande quelle sera alors votre ressource, la réponse n'est pas bien difficile pour des chrétiens qui font du sang de Jésus-Christ toute leur confiance; mais si, continuant cet examen, aussi salutaire aujourd'hui qu'il pourrait être alors terrible, on vous demande quelle raison vous avez de croire que vous ayez communion avec le Fils de Dieu, et où sont les caractères de la foi qui vous attache à Lui, vous alléguerez sans doute la grâce qu'il vous a faite de porter sa croix, vous direz que vous avez autrefois quitté votre patrie, incertains de ce que vous deviendriez dans les pays étrangers, et que vous rompîtes toutes les liaisons du sang et de l'amitié pour suivre Jésus-Christ, avec une résolution que la chair et le sang ne vous ont point inspirée. Nous ne nous opposons point à cette espérance, à Dieu ne plaise! à cette espérance qui vaut mieux non seulement que ce que vous avez quitté, mais que tous les trésors et toutes les couronnes de la terre; et Dieu veuille faire abonder cette consolation dans vos cœurs! Mais puisque nous pourrions bien avoir souffert pour la religion, et être encore dans les liens du péché et du monde, état incompatible avec notre communion avec Jésus-Christ, que pouvons-nous faire de meilleur pour nous que de confirmer notre vocation par une véritable repentance, une repentance vive dans ses sentimens, sincère dans ses effets, inviolable dans ses engagemens, qui nous fasse renoncer au monde pour jamais, et nous donne entièrement à Jésus-Christ.

Ne nous flattons point, mes Frères, l'Evangile a une sévérité redoutable à l'esprit et au cœur, aux préjugés et aux passions; et comme il ne changera point de nature, c'est à nous à changer de disposition. C'est renier Jésus-Christ que de ne pas l'imiter, et c'est aussi trahir l'intérêt de son âme et renoncer à sa propre consolation, selon qu'il nous en avertit lui-même : *Apprenez de moi que je suis doux et humble de cœur, et vous trouverez le repos de vos âmes* (1). Il faut ou n'espérer rien de Lui, ou lui sacrifier ses passions, l'intérêt, la haine, la volupté, la vaine gloire; opposant aux tentations de l'avarice, l'idée du Fils de Dieu renonçant à toutes choses pour nous; aux tentations de la vengeance, l'idée de notre Sauveur priant pour ses bourreaux; aux tentations de la volupté, l'idée de sa tristesse et de ses angoisses ineffables; et aux tentations de l'orgueil, celle de son abaissement et de son ignominie. Nous devons régler notre vie sur cet objet, sur ces maximes, si nous voulons avoir communion avec ce divin Crucifié! Mais sachons aussi que si nous sommes véritablement unis à Lui, nous n'avons plus rien à craindre, et que rien ne manque plus à notre conso-

______

(1) Matthieu, XI, 29.

lation et à notre bonheur. *Rejouissez-vous dans un Seigneur ; je vous le dis encore, rejouissez-vous* (1). Chrétiens, alors dignes de porter ce nom, véritables réformés, réfugiés qui ne démentez point ce grand caractère, vous tous, fidèles disciples de Jésus-Christ, approchez-vous de Lui avec confiance; portez au pied de sa croix vos péchés, votre misère et vos faiblesses, et recevez sa justice, sa grâce et sa bénédiction. Donnez-lui vos esprits par la foi, vos cœurs par l'obéissance, et recevez son Esprit et ses consolations ; offrez-lui vos corps en sacrifice; soyez vous-mêmes des holocaustes d'amour, comme il est une victime de charité ; et puis approchez-vous de l'autel de la joie : ô joie, ô sentimens d'une âme réconciliée avec Dieu! ô paix qui surpasse tout entendement! ô sentimens de Dieu, effusions de son Esprit, épanchemens de sa grâce, transports, ravissemens inconnus à la chair et au sang, remplissez et sanctifiez nos âmes, pour nous faire dire avec des esprits et des cœurs parfaitement unis dans le temps et dans l'éternité : *A Celui qui nous a aimés , qui nous a lavés de nos péchés dans son sang, et nous a faits rois et sacrificateurs à Dieu son Père* (2) ; comme au Père et au Saint-Esprit, soit honneur, gloire, force, empire et magnificence, maintenant et éternellement ! Amen.

(1) Philippiens, IV, 4.   (2) Révélation de saint Jean, I, 6.

De l'Imprimerie de J. Smith, rue Montmorency, n° 16.